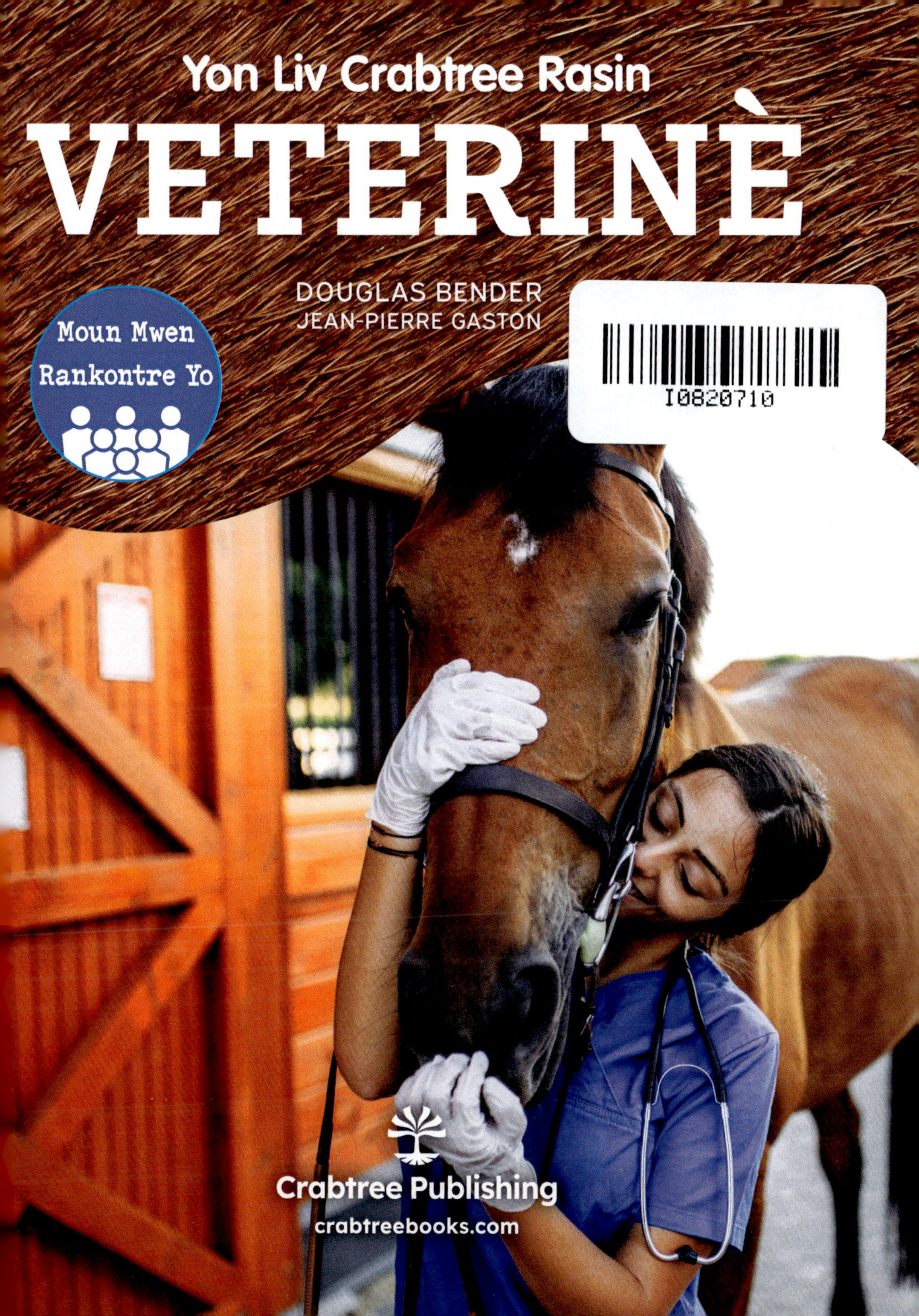
Yon Liv Crabtree Rasin
VETERINÈ
DOUGLAS BENDER
JEAN-PIERRE GASTON
Moun Mwen Rankontre Yo
I0820710
Crabtree Publishing
crabtreebooks.com

Sipò Lekòl A Kay Pou Moun Kap Bay Swen Ak Pwofesè Yo

Liv sa ede timoun yo grandi lespri yo nan kite yo pratike lekti. Men kèk kesyon kap ede lektè yo bati konpreyansyon konpetans yo. Epons posib yo parèt an wouj.

Anvan Lekti:

- De kisa mwen panse liv sa ap pale?
    - *Liv sa se sou veterinè.*
    - *Liv sa se sou sa yon veterinè fè nan travay la.*
- Kisa mwen vle aprann sou sijè sa?
    - *Mwen vle aprann ki kote yon veterinè travay.*
    - *Mwen vle aprann kisa yon veterinè fè.*

Pandan Lekti:

- Mwen mande poukisa...
    - *Mwen mande poukisa moun vin veterinè.*
    - *Mwen mande poukisa veterinè bay zannima yo piki.*
- Kisa mwen te aprann jiskaprezan?
    - *Mwen te aprann ke gen veterinè ki ede ti zannimo yo.*
    - *Mwen te aprann ke veterinè bay zannimo medikaman.*

Aprè lekti:

- Ki detay mwen te aprann sou sijè sa?
    - *Mwen te aprann ke se pa tout veterinè ki konnen ki jan yo ede tout zannimo yo.*
    - *Mwen te aprann ke zannimo yo bezwen piki pou yo an sante.*
- Li liv la ankò epi chèche mo vokabilè yo.
    - *Mwen wè mo **medikaman** nan paj 8 ak mo **piki** nan paj 10. Lòt mo vokabilè yo wap jwenn nan paj 14.*

Sa se yon **veterinè**.

Gen veterinè ki ede gwo **zannimo yo**.

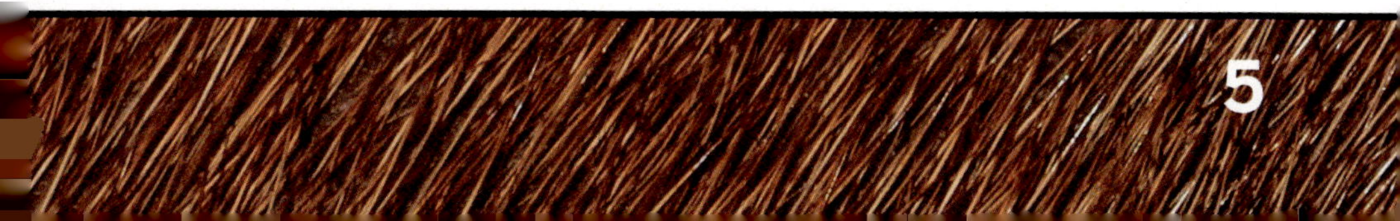

Gen veterinè ki ede ti zannimo yo.

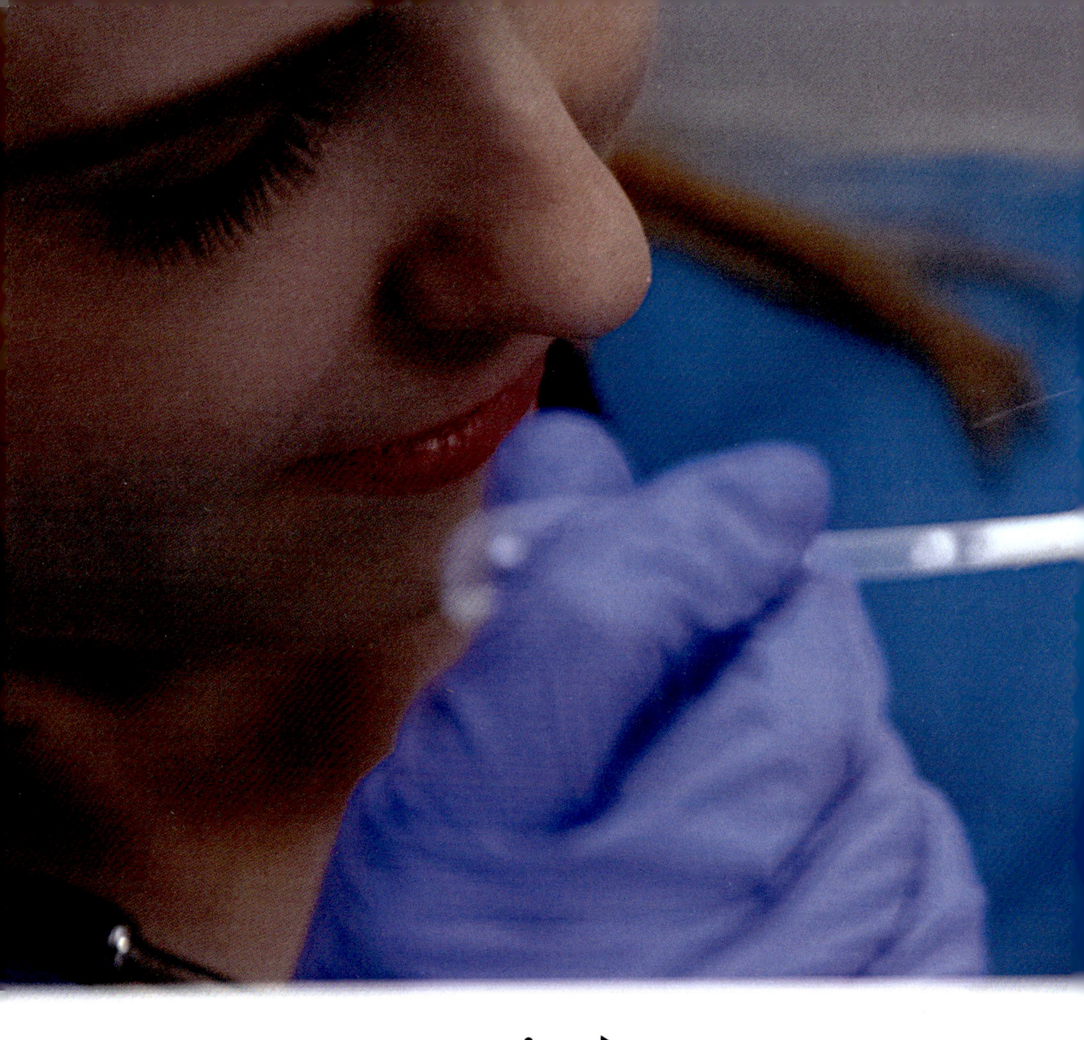

Yon veterinè
bay zannimo
yo **medikaman**.

Yon veterinè bay yon zannimo yon **piki**.

Èske ou konnen yon veterinè?

Lis Pawòl

Mo timoun rekonèt lè yo fèk kòmanse li

ou	se
sa	yon

Mo pouw Konnen

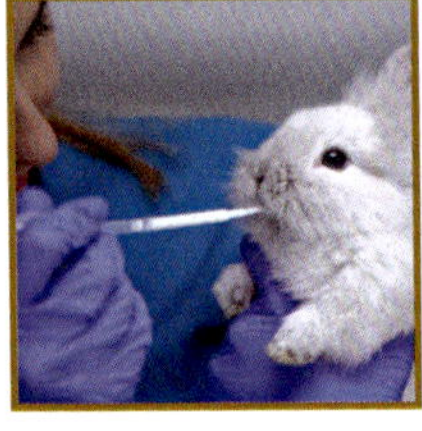

medikaman

piki

veterinè

zannimo yo

36 mo

Sa se yon **veterinè**.

Gen veterinè ki ede gwo **zannimo yo**.

Gen veterinè ki ede ti zannimo yo.

Yon veterinè bay zannimo yo **medikaman**.

Yon veterinè bay yon zannimo yon **piki**.

Èske ou konnen yon veterinè?

Moun Mwen Rankontre Yo
VETERINÈ

Ekri pa: Douglas Bender
Ki fèt pa: Rhea Wallace
Devlopman Seri a pa: James Earley
Korektè: Janine Deschenes
Konsiltan Edikasyon: Marie Lemke M.Ed.
Tradui pa: Jean-Pierre Gaston

Photographs:
Shutterstock: The_Molostock: cover; hedgehog94: p. 1; santypan: p.3, 13, 14; BBSTUDIOPHOTO: p. 4-5, 14; JuiceFair: p. 6; Motortian Films: p. 8-9; FamVeld: p. 11

Crabtree Publishing

crabtreebooks.com 800-387-7650

Paperback	978-1-0396-2286-9
Ebook (pdf)	978-1-0396-2292-0
Epub	978-1-0396-2298-2
Read-along	978-1-0396-2304-0
Audio book	978-1-0396-2310-1

Printed in Canada
032024/CP20240312

Pibliye nan Kanada
Crabtree Publishing
616 Welland Ave.
St. Catharines, Ontario
L2M 5V6

Pibliye Ozetazini
Crabtree Publishing
347 Fifth Avenue,
Suite 1402-145
New York, NY, 10016

Library and Archives Canada Cataloguing in Publication
Available at the Library and Archives Canada

Library of Congress Cataloging-in-Publication Data
Available at the Library of Congress